KÖNNEN SIE HUND?

Kirsten Grenville
Tierheilpraktiker

KÖNNEN SIE HUND!

GESUND UND GLÜCKLICH – VON ANFANG AN

Bibliografische Information der Deutschen Nationalbibliothek:
Die Deutsche Nationalbibliothek verzeichnet diese Publikation
in der Deutschen Nationalbibliografie; detaillierte bibliografische
Daten sind im Internet über http://dnb.dnb.de abrufbar.

© 2014 Kirsten Grenville
Satz und Umschlaggestaltung: Nicola Hauchler-Ambrosius, Ingrid Wildhage
Herstellung und Verlag: BoD - Books on Demand

ISBN: 978-3-7322-9720-7

Für Gustav

Inhaltsverzeichnis

Es braucht nicht viel zum Glück – sondern nur das Richtige!

Der Moment, in dem ein Hund in unser Leben tritt und unser Begleiter wird, ist meist der Moment, von dem an wir alles tun, damit es ihm gut geht. Schließlich wollen wir ja nur sein Bestes.

Aber was ist denn wirklich sein Bestes?

Dieses Buch gibt einen Überblick über die wesentlichen Dinge, die wir dazu beitragen können, damit sich unsere Hunde wohl fühlen und gesund bleiben.

Meistens sind es nur ganz simple Dinge, manchmal aber auch grundsätzliche Entscheidungen.

Hat man erst einmal verstanden, was der eigene Hund tatsächlich braucht oder was nicht, dann geht es beiden viel besser: Hund *und* Mensch.

Lernt man die feinen Signale seines Hundes achtsam wahrzunehmen, wird man ganz intuitiv richtig handeln. Hunde können denken, fühlen, haben ein hohes Maß an Empathie, handeln sozial, sind ehrlich und vor allem dankbar. Und zwar ausnahmslos.

Alles Dinge, die man über uns Menschen nicht immer behaupten kann.

Tiere geben bedingungslos das zurück, was sie bekommen, daher sollten wir ihnen unbedingt das Richtige geben.

Gut gemeint, ist noch lange nicht gut gemacht

Täglich begegnen mir nicht artgerechte Haltung, unausgewogenes Futter und verunsicherte Hundebesitzer. Das beruht häufig auf Mißverständnissen zwischen Mensch und Hund.

Man kann wohl davon ausgehen, dass niemand seinen Hund absichtlich falsch verstehen will. Meistens geschieht das unbewusst.

Und genau darum geht es in diesem Buch: Wir müssen uns die Dinge bewusst(er) machen, um sie besser zu verstehen. Ihr Tier wird es Ihnen durch eine lange und glückliche Partnerschaft danken.

Tierkommunikation – Reden hilft verstehen

Hunde und Menschen sind sich ähnlicher als manch einer denkt.

Auch Hunde können denken, sie können fühlen, sich freuen und sie langweilen sich genauso ungerne wie wir. Beschäftigen Sie sich mit Ihrem Hund, geben Sie ihm immer wieder die Möglichkeit zur Freude. Denn auch Ihr Hund ist nicht einfach grundlos glücklich und es liegt an Ihnen, ihm Gründe dafür liefern.

Behandeln sie ihn immer als gleichwertigen Partner und als treuen Freund. Lassen Sie ihn nie im Unklaren über Ihre Pläne und Absichten.

Hunde raten nicht gern, sie möchten wissen, woran sie sind.

Bevor Sie das Haus verlassen, reden Sie mit Ihrem Hund und sagen Sie ihm, wann Sie wiederkommen. Die weit verbreitete Ansicht, Hunde hätten kein Zeitgefühl stammt noch aus Zeiten, als man sich wenig bis gar nicht mit den Tieren auseinandergesetzt hat.

Hunde können zwar nicht die Uhr lesen, aber sie haben ein Empfinden dafür, ob Zeitabschnitte lang oder kurz sind.

Sie entnehmen Ihrer Stimmlage, wann Sie planen wieder zurück zu sein. Ob es dann draußen noch hell oder schon dunkel ist – Ihr Hund weiß es.

Erklären Sie ihm bei dieser Gelegenheit auch gleich, warum sie ihn nicht mitnehmen können. Geben Sie ihm für die Zwischenzeit eine Aufgabe, wie z. B. das Haus zu bewachen. Für Ihren Hund ist es schon traurig genug, dass Sie ihn allein lassen – lassen Sie ihn sich nicht auch noch langweilen. Er freut sich über eine sinnvolle Beschäftigung für die Zeit Ihrer Abwesenheit.

Und wenn Sie wiederkommen (und es ist nicht eingebrochen worden) dann zeigen Sie ihm, wie glücklich Sie darüber sind, dass er aufgepasst hat und darüber, dass sie ihn wiedersehen.

Zeigen Sie ihm auch so oft wie möglich, wie dankbar Sie sind, ihn als bedingungslosen und treuen Freund an Ihrer Seite zu wissen. Denn genau das ist Ihr Hund – er liebt Sie ohne Wenn und Aber. Er ist immer für Sie da.

Zweifeln Sie nicht!

Wenn Sie mit Ihrem Hund arbeiten oder etwas Bestimmtes von ihm wollen, vertrauen Sie darauf, dass er es auch tun wird und visualisieren Sie das, was Sie erreichen möchten, vor Ihrem geistigen Auge.

Ein kleines Beispiel: Wenn Sie wollen, dass Ihr Hund im »Platz« liegen bleibt, aber im Grunde glauben, dass er eh gleich hinter Ihnen her rennen wird, dann wird er das mit fast hundertprozentiger Sicherheit auch tun.

Sie haben das Bild des laufenden Hundes vor ihrem geistigen Auge und vermitteln ihm so genau dieses Bild. Also denkt, er, dass es das ist, was Sie von ihm möchten.

Hunde haben sehr feine »Antennen« und hören und spüren weit über das gesprochene Wort hinaus. Wenn man so will, ist Ihr Hund Ihr persönlicher Lügendetektor auf vier Beinen. Also versuchen Sie gar nicht erst, ihm etwas vorzumachen …

Sind Sie dagegen sicher und voller Vertrauen in die Fähigkeiten Ihres Hundes und visualisieren Sie vor Ihrem inneren Auge, dass er dort liegen bleibt, bis Sie ihn rufen, dann wird er es auch tun, denn dieses Bild haben Sie ihm vermittelt.

Nehmen Sie Ihren Hund also immer ernst, unterschätzen Sie niemals seine Fähigkeiten und behandeln Sie ihn immer als gleichwertigen Freund.

Und: legen Sie Ihrem Hund unbedingt eine Decke auf seinen Platz – Hunde lieben es herumzuwühlen und sich ein Nest zu bauen.

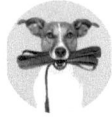

Erziehung – Nähe schafft Sicherheit

Ziel der Erziehung sollte es sein, Ihren Hund ohne Leine frei laufen lassen zu können, damit er die Bewegung bekommt, die er benötigt und ihm dabei trotzdem den Schutz und die Sicherheit zu geben, die er braucht. Denn neben Aufmerksamkeit, liebevoller Zuwendung und Pflege brauchen Hunde vor allem eins: Bewegung, Bewegung, Bewegung!

Wenn der Hund als Welpe in Ihr Leben tritt, seien Sie ihm von Anfang an ganz nah. Sperren Sie ihn niemals aus und lassen Sie ihn nachts nicht alleine. Er braucht Sie. Gerade in dieser prägenden Phase ist es wichtig, dass er Ihre Nähe spürt und sich Ihrer Gegenwart sicher sein kann. Er hat gerade seine Mutter und seine Familie »verloren« und braucht ein neues Zuhause.

Überlegen Sie sich vorher, welche Kommandos Sie ihm beibringen möchten.

Belegen Sie jedes einzelne Kommando mit nur einem (!) Wort und möglichst noch mit einer dazugehörigen Handbewegung. So verhindern Sie Probleme für den Fall, dass Ihr Hund einmal schwerhörig werden sollte. Oder auch nur, wenn der Wind mal so stehen sollte, dass er Sie zwar sehen, aber nicht hören kann.

Namen und Kommandos vertragen sich nicht!

Deshalb heißt ein Kommando auch nicht: *Hund* sitz, *Hund* warte, *Hund* stopp!, sondern nur: Sitz, Warte, Stopp!

Wenn Sie immer den Namen Ihres Hundes vorweg sagen, weiß er nicht, was er tun soll.

Hunde kommen gerne auf den Punkt. Also machen Sie auch deutlich einen.

Sprechen Sie immer leise und ruhig. Brüllen Sie Ihren Hund nie an. Er merkt dann, dass Sie verzweifelt sind – also zweifeln … und auf Zweifel hört kein Hund.

Sie würden doch auch nicht kommen, wenn man Sie anschreit, oder? Ist man dagegen freundlich zu Ihnen, sind Sie gleich viel offener. Wie man in den Wald hineinruft …

Geben Sie ein Kommando möglichst nur einmal, sonst denkt Ihr Hund, dass er immer erst beim dritten oder x-ten Mal hören muß.

Achten Sie darauf, dass Sie immer die ungeteilte Aufmerksamkeit Ihres Hundes bekommen.

Also machen Sie auf sich aufmerksam, indem Sie klar und unmißverständlich mit ihm kommunizieren.

Lassen Sie ihm keine Schlupflöcher – er wird sie finden und nutzen. Bieten Sie ihm Vertrauen. Wenn er Ihnen vertraut und sich bei Ihnen sicher fühlt, dann wird er Sie nicht nur respektieren, sondern auch aufmerksam auf Sie achten. Im Idealfall sind Sie für ihn viel interessanter als seine Umwelt.

Hierfür gibt es ganz einfache Tricks. Finden Sie z. B. beim Spazierengehen plötzlich Futter unter dem Laub, dann weiß Ihr Hund, dass es sich für ihn lohnt, mit seiner Aufmerksamkeit bei Ihnen zu sein. Schließlich sind Sie so schlau und klug, etwas (Be-)Lohnendes zu finden.

Geben Sie ihm Aufgaben, damit er sich nicht langweilt. So bleibt er aufmerksam und offen. Belohnen Sie ihn nicht einfach nur mit Leckerlis, sondern auch mit Ihrer Liebe und Dankbarkeit für seine bedingungslose Liebe.

Wenn Sie etwas von Ihrem Hund wollen, vermitteln Sie ihm das richtige Bild. Malen Sie auch Perspektiven wie Lob und Belohnungen mit hinein. Und arbeiten Sie immer mit positiven Bildern – von abstrakter Bildmalerei hält Ihr Hund nicht viel.

Schützen Sie Ihren Hund. Nicht er geht voraus und klärt Situationen für Sie, sondern Sie klären das für Ihren Hund.

Der viel gehörte Satz: »Das machen die Hunde schon unter sich aus.« ist ein Zeichen von Unverständnis dem eigenen Hund gegenüber.

Wer seinen Hund kennt, erkennt bereits im Vorfeld die Situationen, die in Konfrontationen münden könnten und handelt proaktiv. Im eigenen Interesse und im Sinne seines Hundes.

Hat er beispielsweise Angst vor großen schwarzen Hunden, nehmen Sie ihn an die Leine und gehen ganz selbstverständlich am »Stressfaktor« vorbei. Bleiben Sie nicht stehen, sondern machen Sie die Situation zu etwas ganz Normalem, was man »links« liegen lassen kann, indem man einfach vorbei geht.

Wenn Sie stehen bleiben, wird Ihr Hund denken: »Jetzt passiert etwas, vorsichtig sein.«

Gehen Sie aber einfach vorbei, wird er denken: »Ach so, nicht so wichtig, uninteressant.«

Nach einer solchen Situation können Sie ihn wieder von der Leine lassen. So weiß er, dass Sie ihn in jeder, für ihn unangenehmen, Situation schützen. Er wird sich bei Ihnen sicher fühlen und immer wieder dankbar zu Ihnen kommen.

Ursachenforschung statt Symptombekämpfung

Es scheint ebenso einfach wie auch wirkungsvoll: Ihr Hund ist krank, also kriegt er Cortison oder Antibiotika.

Danach geht's ihm dann ja auch gleich viel besser …

Gerne stempelt man ihn auch als hochallergisch ab. Er bekommt ganz spezielles hypoallergenes Futter und wir sollen das Gefühl bekommen, mal wieder nur das Beste für ihn getan zu haben.

Dann wird er noch geimpft und entwurmt, damit er bloß gesund bleibt.

Aber bleibt er das wirklich? Oder ist das genau das Falsche?

Anstatt nach den Ursachen zu suchen, wird einfach – oft viel zu schnell – etwas verabreicht, in dem Glauben oder eher der Hoffnung, das würde schon helfen.

Vielfach wird sich weder die Zeit genommen, Sie umfassend aufzuklären, noch werden die wirklichen Ursachen hinter der Symptomatik abgeklärt. Es werden nur die Symptome behandelt, aber die Ursache bleibt dabei im Dunkeln.

Ein paar einfache Fragen bringen schon viel Licht ins Dunkel:

- ❖ Ist Ihr Hund geimpft worden? Wenn ja, wann und wogegen?
- ❖ Wurde er entwurmt?
- ❖ Was ist mit chemischer Floh- und Zeckenprohylaxe?
- ❖ Welches und wieviel Futter bekommt er?
- ❖ Verfügt er über ausreichend Vitalstoffe?
- ❖ Ist er in sein »Rudel« integriert?
- ❖ Gibt es weitere stressauslösende Momente?

Es geht darum, hinter die Kulissen – der Krankheit – zu schauen. Es sollen ja nicht nur die Erreger beseitigt werden, sondern das Wohlbefinden nachhaltig wiederhergestellt werden.

Die Ursachen müssen abgeschaltet und die Spuren der Krankheit gelöscht werden. Das geht nicht durch bloße Standardmedikation, sondern ausschließlich durch individuelles Therapieren.

Jeder Körper ist einzigartig in Größe, Form und Zusammensetzung und daher ist jeder Krankheitsverlauf und auch jede Heilung immer ganz individuell.

Was haben Körper und Seele alles ge- und ertragen und warum fühlt sich Ihr Hund gerade jetzt nicht wohl bzw. ist sogar krank geworden?

Jedes Krankheitsbild hat unterschiedliche Ursachen und genauso unterschiedlich sind die entsprechend zu wählenden Mittel und Dosierungen. Was zu dem einen Hund passt, muß bei gleichem Krankheitsbild nicht automatisch auch zu jedem anderen Hund passen.

Hat beispielsweise der Körper nicht mehr genug Energie, um seine Selbstheilungskräfte anzuregen, muß unbedingt erst einmal dort begonnen werden.

Es gibt keine Pauschal-Mittel in Pauschal-Dosierungen. Um herauszufinden, was Ihr Hund wirklich benötigt, muß jedes Mittel individuell für ihn ermittelt werden.

Die Wahl des richtigen Mittels und seiner jeweiligen Dosierung kann z. B. ganz exakt mittels Bioresonanz, Kinesiologie oder Tensor ausgetestet werden.

Erst dann weiß man, wie lange und wie oft das jeweilige Mittel gegeben werden sollte und kann so sicherstellen, dass der Körper auch wirklich genau das bekommt, was er braucht.

Hierzu zählen nicht nur die naturheilkundlichen Mittel, sondern auch die Beantwortung der Frage, ob das Tier energetische Heilarbeit, physio- oder osteopathische Behandlungen benötigt oder mit jemandem kommunizieren möchte.

Gesunder Darm = Gesundes Immunsystem

Eine gesunde Darmflora und ein ausgeglichener Säure-Basen-Haushalt gehören zu den wichtigsten Säulen der Gesundheit.

Das gilt auch für Hunde.

Die meisten Krankheiten, insbesondere die chronischen, werden mit einer gestörten Darmflora und den daraus resultierenden Folgen in Zusammenhang gebracht.

Von den Darmbakterien hängt unsere Gesundheit ab.

Sie übernehmen wichtige Aufgaben für den Stoffwechsel und das Immunsystem. Rund 80 % der Immunzellen befinden sich im Darmtrakt.

Die Darmflora wird von Bakterien besiedelt, welche die Darmschleimhaut und damit den Körper schützen sollen. Außerdem fungiert sie als Barriere für unerwünschte Bakterien, Verdauungsgifte und Stoffe, die Allergien auslösen könnten.

Der Darmtrakt benötigt zur Aufrechterhaltung der Darmsymbiose die entsprechenden Bakterien, sowie natürliche Mineralstoffe, Spurenelemente und Vitamine.

Gleichzeitig wird damit der Zellstoffwechsel gesund erhalten, der Säure-Basen-Haushalt bleibt im Gleichgewicht und das Immunsystem des Hundes wird somit gestärkt.

Nur ein intaktes Immunsystem kann Krankheitserreger erfolgreich abwehren.

Durch eine Vielzahl von Einflüssen, wie beispielsweise Antibiotika, Medikamente zur Entwurmung oder auch falsche Ernährung, wird diese Flora zerstört.

Pilze und Fäulnisbakterien können sich leichter ausbreiten und dadurch den Stoffwechsel negativ beeinflussen, was wiederum dazu führt, dass der Körper übersäuert und krank werden kann.

Da manche Antibiotika- oder Medikamentengaben tatsächlich notwendig sein können, sollten Sie darauf achten, dass mit deren Einnahme gleichzeitig die für den Darm notwendigen Bakterien gegeben werden.

Das Gleiche gilt auch bei einer eventuell notwendigen Entwurmung. Auch hierdurch wird die Darmflora zerstört und sollte parallel zu der Entwurmung unbedingt wieder aufgebaut werden.

Das richtige Mittel für den Aufbau der Darmflora sollten Sie, genauso wie alles andere, individuell für den jeweiligen Hund ermitteln lassen.

Futter, schön wenn's schmeckt – Säure-Basen-Haushalt

Die Futterindustrie will es uns einfach machen.

Es gibt in jeder Preisklasse und für jeden Hund das vermeintlich richtige Futter. So einfach ist es aber nicht.

Nur weil ein Futter teuer ist, bedeutet das nicht, dass es auch das Beste ist. Nur weil Ihr Hund schon neun Jahre alt ist, bedeutet es nicht, dass er Seniorenfutter braucht.

Nur weil Vitalstoffe im Futter enthalten sind, bedeutet das nicht, dass Ihr Hund diese auch entsprechend verwerten kann.

Testen wir uns ran …

Jeder Hund ist anders, also braucht auch jeder etwas anderes zu fressen. Das individuell richtige Futter für Ihren Hund kann man testen – z. B. per Bioresonanz, Kinesiologie oder Tensor.

Haben Sie das ideale Futter für Ihren Hund gefunden, prüfen Sie einmal im Jahr, ob es immer noch das richtige ist, oder vielleicht inzwischen etwas anderes benötigt wird.

Wenn Ihr Hund sein Futter nicht mehr gerne frisst, könnte dies ein Zeichen dafür sein, dass er ein anderes braucht.

Durch das richtige Futter werden Leber, Nieren, Darm und Stoffwechsel bestmöglich in ihren Funktionen unterstützt und so eine gesunde Abwehr und ein gut funktionierendes Immunsystem aufgebaut und erhalten.

Die bedarfsgerechte Versorgung mit Mineralien fördert, unterstützt und aktiviert den gesamten Stoffwechsel. Der Säure-Basen-Haushalt ist ausgeglichen und der Hund bekommt all die Vitalstoffe, die er tatsächlich benötigt.

Im Alter und bei bestimmten Problemen sollten auf jeden Fall Zusatzstoffe gefüttert werden. Auch diese lassen sich genau auf den individuellen Bedarf hin testen.

Abwechslung schmeckt jedem besser

Wer will schon jeden Tag das Gleiche essen? Auch da geht es unseren Hunden nicht anders als uns.

Tun Sie Ihrem vierbeinigen Freund deshalb den Gefallen und sorgen Sie für Abwechslung im Napf.

Grundsätzlich isst kein Hund bei ausgewogener Ernährung zuviel. Sie essen meistens nur dann zuviel, wenn ihnen wichtige Vitalstoffe fehlen. Bereiten Sie Ihrem Hund 2 – 3 besondere Mahlzeiten und lassen sie ihm den ganzen Tag Futter im Napf. Dann kann er essen, wann er möchte.

Es ist ein Trugschluss zu glauben, dass es besser wäre, ihm das Futter wegzunehmen, nur weil er vielleicht gerade in dem Moment, wo Sie es ihm hinstellen, nicht fressen will. Freuen Sie sich doch, wenn er sich Zeit zum Genießen lässt und nicht auf Kommando alles in sich hineinstopft.

Also lassen Sie es stehen. Er wird schon fressen, wenn er Hunger hat.

Impfung – Angst ist kein Argument

Es gibt in Deutschland keine Impfpflicht für Hunde.

Immer wieder kommen neue Impfungen gegen die unterschiedlichsten Erreger und Erkrankungen auf den Markt. Und immer wieder gibt es Berichte über drohende Gefahren durch bekannte oder neue Krankheitserreger.

Also was tun? Impfen aus Angst?

Das passiert – leider – viel zu oft.

Denn von vielen Seiten wird die Angst geschürt, dass Hunde ohne Impfungen an Infektionskrankheiten wie Staupe oder Parvovirose sterben. Auch von großen Epidemien ist häufig die Rede.

Die Entscheidung für oder gegen eine Impfung nimmt Ihnen keiner ab.

Sie wollen auf jeden Fall im Sinne Ihres Hundes entscheiden? Hier hilft nur eins: Aufklärung.

Daher bedarf es einer sachlich neutralen Auseinandersetzung mit dem Thema.

Eines sollten Sie dabei immer verinnerlichen: eine Impfung ist mehr als »nur ein Pieks«.

Grundsätzlich kann ein gesunder Hund auf ganz natürlichem Wege Antikörper bilden. Auch lassen sich viele der Krankheiten, gegen die ein Tier geimpft wird, durch hygienische und gesundheitsfördernde Maßnahmen vermeiden oder therapieren.

Naturheilkundliche Therapien können dabei sehr hilfreich sein, da sie immer das Ziel haben, durch Förderung der Selbstheilungskräfte einen komplikationslosen Verlauf zu erreichen, ohne gleich die ganz großen Geschütze aufzufahren. Sie kennen doch sicher noch den Spruch unserer Eltern: »Was uns nicht umbringt, macht uns nur stärker.« Da ist viel Wahres dran!

Machen Sie Ihren Hund spielerisch gegen Krankheiten immun!

Ist Ihr Hund gesund, besitzt er schon mal das beste Schutzschild gegen Krankheiten. Wenn Sie ihn richtig ernähren, schaffen Sie die Grundvoraussetzung dafür, dass seinem Körper alles zur Verfügung gestellt wird, was er benötigt, um gesund zu bleiben.

Wenn Sie ihn darüber hinaus regelmäßig beschäftigen und bewegen, sorgen Sie zusätzlich dafür, dass keine Langeweile aufkommt. Stress wird vorgebeugt und das allgemeine Wohlbefinden spielerisch verbessert. Der Körper hat viele natürliche Funktionen, um die Gesundheit zu bewahren. Die Hauptrolle spielt das Immunsystem.

Haut und Schleimhäute sind im gesunden Körper undurchlässig für Bakterien und Viren.

Sie bilden eine wichtige Grenze gegen das Eindringen von Erregern. Die Schleimhäute der Atemwege und des Magen-Darm-Traktes, die Tonsillen und das Lymphsystem sorgen dafür, dass etwaige Krankheitserreger nicht in den Körper gelangen können.

Sollten doch einmal Erreger in den Körper gelangt sein, ist ein gesundes Immunsystem in der Lage, gegen diese Antigene Antikörper zu bilden. Diese Antikörper leiten diverse Abwehrreaktionen ein, so dass es üblicherweise nicht zum Entstehen einer Krankheit kommt.

Auf diese Weise fungiert das Immunsystem als natürliches Abwehrsystem des Körpers. Das ist bei uns ja nicht anders.

Nicht jeder Erreger muß gleich zum körperlichen Ärgernis werden!

Wie krank machen Erreger eigentlich wirklich?

Wenn es uns Menschen am Bein juckt, denken wir nicht gleich an Amputation. Oder anders gesagt: »Wer mit Kanonen auf Spatzen schießt, trifft nicht unbedingt ins Schwarze.«

Wer sich immer gleich über jeden Erreger aufregt, interpretiert nicht selten zuviel des Schlechten in den Körper seines Hundes. Disponiert bedeutet nicht gleich krank!

Wenn in der Tierwelt von Disposition gesprochen wird, dann meint man damit die genetische oder erworbene Anfälligkeit zur Ausbreitung einer Krankheit.

In anderen Worten: Je besser Ihr Hund drauf ist, umso schwerer haben es die Erreger.

Auch die Impf-Historie hat eine Geschichte

Werfen wir mal einen kurzen Blick in die Vergangenheit. Die erste Impfung wurde 1796 von dem englischen Arzt Edward Jenner durchgeführt. Er hatte entdeckt, dass Melker, die die für Menschen harmlose, Kuhpockenerkrankung durchgemacht hatten, nicht mehr an Menschenpocken erkrankten.

Also begann er damit, die Kuhpockenlymphe über einen Schnitt in die Haut bei Menschen einzubringen, um sie durch das Auslösen der »harmloseren« Krankheit vor den echten Pocken zu schützen. Dieses hatte zum Teil entsetzliche Folgen, wie z. B. bei seinem Sohn, der mit 21 Jahren schwachsinnig verstarb. Einige Menschen waren danach aber auch vor Pocken geschützt. Der Preis dafür war jedoch ein hoher.

Natürlich darf man dabei nicht die desolaten hygienischen Verhältnisse vergessen, die zur damaligen Zeit vorherrschten. Geimpft heißt nicht automatisch geschützt. Immer wieder wurde behauptet, dass durch die Impfung die Pocken ausgerottet wären. Das hat der Arzt Dr. Gerhard Buchwald widerlegt, als er dokumentierte, dass über 90 % der an Pocken Erkrankten gegen Pocken geimpft waren.

Die einzige Möglichkeit, die Wirksamkeit von Impfungen zu belegen, wäre es, geimpfte Hunde und nicht geimpfte Hunde künstlich zu infizieren. Bei einer künstlich erzeugten Infektion wären jedoch alle oben beschriebenen natürlichen Abwehrmechanismen außer Kraft gesetzt. Demzufolge könnte also auch hieraus keine Impfwirksamkeit abgeleitet werden.

Das bedeutet aber nicht, dass Impfungen immer wirkungslos sind. Teilweise resultieren daraus Erfolge, teilweise aber auch Impffolgeschäden.

Krank machen, um gesund zu bleiben?

Ziel einer Impfung ist es, eine möglichst schwache künstliche Krankheit auszulösen, die jedoch stark genug ist, damit das Immunsystem Antikörper bildet. Das bedeutet, dass Impfungen erst einmal krank machen müssen, um Wirkung entfalten zu können.

Somit stellt sich die Frage, in welchem Verhältnis das Risiko einer Impfkrankheit zu dem erwarteten Nutzen steht. Keine Impfung schützt auf jeden Fall erst einmal vor der Krankheit, die durch sie vermieden werden soll!

Und weil es sich bei jeder Impfung um eine künstlich verursachte Krankheit handelt, kommt noch – im wahrsten Sinne des Wortes – erschwerend hinzu, dass die Infektanfälligkeit für andere Krankheiten steigt. Sie können also davon ausgehen, dass nach einer Impfung das Immunsystem Ihres Hundes geschwächt und aus dem Gleichgewicht gebracht ist.

Machen Sie sich also vorher klar, gegen welche Erreger die Impfung eigentlich wirken soll und ob es überhaupt sinnvoll ist, dieses Risiko einzugehen.

Hier nur ein Beispiel: Die Leptospirose-Impfung schützt (wenn überhaupt) je nach Impfstoff vor gerade mal 4 von bisher über ca. 200 identifizierten Leptospiren-Arten.

So gesehen ähnelt eine Impfung immer auch einem Glücksspiel. Manchmal hat man Glück, häufig hat man aber auch Pech! Wobei wohl niemand von uns die Gesundheit seines Hundes leichtfertig aufs Spiel setzen will.

Was ist eigentlich drin in diesen Impfstoffen?

Eine ganze Menge und davon leider auch eine ganze Menge Erschreckendes. Impfstoffe enthalten abgeschwächte oder abgetötete Viren, Bakterien oder deren Toxine bzw. Zellbestandteile. Weiterhin werden aber auch noch fragwürdige Trägerstoffe und Lösungen eingesetzt.

Um die Impfstoffe zu gewinnen, muß der Erreger von einem Tier auf das nächste übertragen werden. Und zwar solange, bis die gewünschte Abschwächung erreicht ist. Hierfür werden u. a. Pferde und Schafe verwendet. Also Tiere, die eine vollkommen andere Körper- und Gewebestruktur als Ihr Hund aufweisen.

Häufig werden sie auch auf speziellen Nährböden, die meist aus tierischem Eiweiß (u. a. Hühnereier, Kaninchenhirne, Affen- und Hundenieren) bestehen, angezüchtet, um dann anschließend mit entsprechenden Zellgiften abgeschwächt oder abgetötet zu werden.

Der Impfstoff kommt während der Herstellung mit vielen unterschiedlichen Mikroorganismen in Kontakt, wobei nicht sichergestellt werden kann, dass diese hinterher vollständig verschwunden sind. Viele Impfstoffe könnten also noch andere genetische Informationen enthalten, die eventuell ein Leben lang im Körper Ihres Hundes bleiben und von denen nicht bekannt ist, welche Veränderungen durch sie stattfinden können. Zudem enthalten Impfstoffe Träger- und Zusatzstoffe (wie z. B. Quecksilber, Aluminiumhydroxid, Formaldehyd u. ä.), die entweder giftig sind, im Verdacht stehen Krebs auszulösen oder zumindest das Zeug dazu haben, bei Ihrem Hund allergische Reaktionen auszulösen.

Alles in allem ganz schön komplex und Sie merken schon beim Lesen, dass im Falle einer Impfung auf jeden Fall eine Menge Unwägbarkeiten auf Ihren Hund zukommen.

Das wird Folgen haben

Wie gesagt: Eine Impfung muß immer erst einmal krank machen, um das gewünschte Ziel der Antikörperbildung zu erreichen. Es soll natürlich nur ein abgeschwächter Krankheitsverlauf ausgelöst werden.

Leider ist in vielen Fällen genau das nicht der Fall. Kein Wunder, schließlich hat jeder Hund eine andere Konstitution, und wenn man schon nicht weiß, was sonst noch alles im Impfstoff steckt, wie soll man dann wissen, wie die Krankheit verläuft?

Das heißt aber nicht zwangsläufig, dass ein dauerhafter Impfschaden davon getragen werden muss.

Was tun, wenn doch eine gesundheitliche Störung auftritt?

Dann muß man zunächst erst einmal die Ursachen klären. Wurde eventuell der Impfzeitpunkt falsch gewählt? Oder wurde durch die Impfung eine andere Erkrankung ausgelöst?

Da es klinisch fast unmöglich ist, einen Impfschaden eindeutig zu erkennen, wird aber in den meisten Fällen ein Zusammenhang zwischen Impfung und schwerer gesundheitlicher Störung bestritten und lediglich festgestellt, dass diese beiden Parameter zeitgleich aufgetreten sind.

Hier ein paar mögliche hypersensible Reaktionen, die von den Impfherstellern angegeben werden:

❖ Enzephalitis
❖ Hirnschäden
❖ Appetitlosigkeit
❖ Mattigkeit
❖ leichtes Fieber

Doch damit nicht genug. Es geht weiter mit einer großen Bandbreite zusätzlicher Nebenwirkungen, wie z. B.:

❖ Krebserkrankungen
❖ Autoimmunerkrankungen
❖ Lähmungen

- anaphylaktischer Schock
- Entzündungen und Sarkombildung an den Einstichstellen
- Ausbildung von Allergien
- Hot Spots
- dauerhafte Immunsuppression
- Durchfälle
- Erbrechen
- Gastroenteritis
- Atmungsprobleme
- rheumatische Arthritis
- Hautprobleme
- Faszialödem
- Ohrinfektionen
- Harnwegsinfektionen
- Aggressivität
- Verstörtheit
- gesteigerte Ängstlichkeit
- Todesfälle …

Es geht hier nicht darum Angst zu machen.

Es geht darum, die Augen aufzumachen und genau abzuwägen, ob in Ihrem speziellen Fall eine Impfung wirklich notwendig ist.

Denn sehr häufig treten die Risiken gegen die Ihr Hund geimpft wird, im Leben Ihres Hundes gar nicht auf.

Es erinnert ein wenig an einen Geländewagen, der nur in der Stadt bewegt wird. Nur sind die Nebenwirkungen hier – bis natürlich auf die für die Umwelt – nicht ganz so dramatisch wie die im Falle einer Impfung.

Es ist wichtig, sich mit den einzelnen Impfungen genauer ausein-
anderzusetzen. Die meisten Ärzte tun dies leider nicht – mangels
Zeit, mangels Aufklärungsinteresse oder einfach nur mangels
Bereitschaft, wirtschaftliche Interessen hinter die Gesundheit
Ihres Hundes zu stellen.

Achten Sie vor der Impfung bitte unbedingt auf folgende drei Faktoren:

1. Der früheste Impfzeitpunkt?

Welpen erhalten erst einmal durch die Muttermilch maternale
Antikörper. Diese zerfallen aber nach einiger Zeit und bieten
demnach keinen langanhaltenden Schutz.

Eine Impfung sollte – wenn überhaupt – erst erfolgen, wenn die
maternalen Antikörper unter einen bestimmten Wert fallen, da
die Impfung sonst ins Leere geht und sich höchstens Nebenwirkungen bemerkbar machen.

Für Staupe und Parvovirose liegen Referenzwerte vor. Aufgrund
dieser Werte kann der optimale Impfzeitpunkt ausgerechnet werden.

Fragen Sie Ihren Tierarzt!

Forschungen zeigen, dass bei Welpen die maternalen Antikörper
erst mit 8 – 15 Wochen nicht mehr vorhanden sind. Auch das
Immunsystem ist erst zu diesem Zeitpunkt weitestgehend aus-
gereift und reaktionsfähig.

Daher dürfen Welpen nicht zu früh von der Mutter abgesetzt und geimpft werden.

2. Jährliche Wiederholungsimpfung?

Impfstoff-Hersteller und viele Tierärzte empfehlen, die Impfungen jährlich zu wiederholen. Doch ist das überhaupt sinnvoll und was ist der Grund für diese »Empfehlung«?

Impfstoff-Hersteller sind nicht verpflichtet, die tatsächliche Dauer des Immunschutzes nachzuweisen. Es wird deswegen lediglich der Mindest-Schutz, der klinisch nachgewiesen wurde, angegeben. Und das ist, je nach Impfung, ein Zeitraum von einem bis zu drei Jahren.

Es wurde jedoch nie offiziell getestet, ob der Impfschutz darüber hinaus wirksam ist und ob die jährlichen Impfungen nicht geradezu gefährlich für unsere Hunde sind.

Somit wird deutlich, dass die jährliche »Empfehlung« vor allem in erster Linie auf wirtschaftlichen Interessen von Impf-Herstellern und Tierärzten beruht.

3. Und wann sollte Ihr Hund nicht geimpft werden?

Auf eine Impfung sollte möglichst verzichtet werden:

- ❖ während der Läufigkeit
- ❖ während der Trächtigkeit

- während der Welpenaufzucht
- im Zahnwechsel
- bei Krankheit oder gerade ausgestandener Krankheit
- bei chronischen Erkrankungen
- bei allergischen Erkrankungen
- bei Störung oder Schädigung des Immunsystems
- bei neurologischen Erkrankungen
- vor oder kurz nach zu erwartendem Stress (z. B. Besitzer-wechsel)
- wenn bereits Reaktionen auf eine Impfung gezeigt wurden
- bei ernährungsbedingten Mangelerscheinungen (z. B. Vitamin A-, B5-, Selen-Mangel können u. a. zu Schilddrüsenfehlfunktionen führen und damit die Wahrscheinlichkeit erhöhen, an Autoimmunerkrankungen zu erkranken, die durch Impfstoffe ausgelöst wurden)

Wenn überhaupt geimpft werden soll, sollten auf jeden Fall immer nur Einzelimpfungen durchgeführt werden. Wirkung und Verträglichkeit können dann besser beurteilt werden. Auch der Organismus kann leichter reagieren. Zudem stehen Parvovirose- und Leptospirose-Impfungen im Verdacht, dass Immunsystem so zu unterdrücken, dass die anderen gleichzeitig gegebenen Impfungen wirkungslos sein können.

Fazit: Was immer wir tun – oder auch nicht – machen wir, weil wir nur das Beste für unseren Hund wollen. Ein Abwägen der Risiken ist entscheidend und kann immer nur im Einzelfall erfolgen, zum einen besteht das Risiko an einer Krankheit zu erkranken und schlimmstenfalls daran zu sterben, zum anderen, das Risiko durch eine Impfung zu erkranken – mit ähnlichem Ende.

Durch eine Impfung kann zwar in einigen Fällen ein Schutz aufgebaut werden, vollständig sicher ist er aber nie. Das Immunsystem wird hintergangen, gleichzeitig wird schädigenden Stoffen und Fremdeiweißen der Zugang in den Körper ermöglicht – mit teils unabsehbaren Folgen.

Es gibt auch Impfungen, die lediglich den Krankheitsverlauf abmildern und vor schlimmen Komplikationen und schwereren Verläufen schützen sollen. Eine pauschale Aussage über die Wirksamkeit von Impfungen ist nicht möglich.

Impfstoffe zwingen jeden Organismus zu einer Reaktion. Ob diese Reaktion nur eine Antwort des Immunsystems bedeutet oder darüber hinaus auch eine schädigende Wirkung hat, hängt vom Zustand und der Belastbarkeit des Hundes ab.

Es wird eine krankmachende Substanz verabreicht, die dann vor eben dieser Krankheit schützen soll, was angesichts der Vielzahl von Erregern sehr fragwürdig ist. Viele Krankheiten brechen trotz Impfung aus. Sollte ohne Impfung eine Krankheit ausbrechen, werden wir nie wissen, ob sie durch eine Impfung hätte verhindert werden können.

Schön, dass es auch Alternativen gibt!

Unbestritten bieten die Naturheilkunde und die klassische Medizin für die meisten Krankheiten, gegen die geimpft werden soll, gute Behandlungsmöglichkeiten. Durch Naturheilkunde können Impfkomplikationen verhindert und negative Impffolgen reduziert werden.

Ausschlaggebend ist hierbei natürlich das Ausmaß der Schädigung durch die Impfung oder der durch die Impfung ausgelösten Infektion. Ist eine mögliche Schädigung zu groß, sollte anderen Behandlungsmethoden der Vorzug gegeben werden, denn Naturheilkunde kann nur heilen, solange der Organismus noch reagieren kann.

Da Ernährung, stabile Psyche und hygienische Verhältnisse die Grundvoraussetzungen für die Gesundheit der Hunde ist, muß eine mögliche Impfung auch immer anhand dieser Faktoren abgewogen werden. Zudem sollten wir uns immer vor Augen führen, wie der Hund eigentlich lebt. Lebt er bei uns im Haus und geht nur im Park spazieren? Was soll da schon passieren? Kommt der Hund überhaupt mit den entsprechenden Erregern in Kontakt?

Wie gesagt: Eine Entscheidung für oder gegen das Impfen kann nur im Einzelfall getroffen werden.

Da kein Hund dem anderen gleicht und auch Lebensumfelder verschieden sind, sollte grundsätzlich überlegt werden, welche Impfungen, anhand der jeweils individuellen Erfordernisse, überhaupt sinnvoll sein können.

Die Impfungen im Einzelnen – Pro und Contra

Babesiose

Babesiose ist eine durch Zecken übertragene Krankheit. Die Impfung schützt nicht vor einer Infektion, sondern soll nur die Erkrankung abmildern. Fragen Sie sich also bitte auch hier wieder, warum Sie Ihren Hund krank machen wollen, wenn die Impfung doch nicht einmal vor einer Infektion schützt?

Die Impfung schützt nach zweimaliger Grundimmunisierung nur für maximal 6 Monate. Laut Impfstoffhersteller soll aufgrund der Nebenwirkungen nicht mit anderen Impfungen zusammen geimpft werden. Bereits infizierte Tiere dürfen nicht noch einmal geimpft werden.

Als Nebenwirkungen geben die Impfstoffhersteller u. a. Schwellungen an der Injektionsstelle, Fieber, Abgeschlagenheit und einen steifen Gang an. Es liegen keine weiteren – herstellerunabhängigen – Studien über Wirksamkeit, Verträglichkeit, Infektions- und Erkrankungsrisiko in Deutschland vor.

All dies macht einmal mehr deutlich, dass die Hunde durch die Impfung erkranken können! Es empfiehlt sich daher, einer guten Prophylaxe den Vorzug zu geben.

Borreliose

Borreliose ist die übergeordnete Bezeichnung für verschiedene Infektionskrankheiten, die durch Borrelien ausgelöst werden.

Es gibt nur zwei Impfstoffe. Der eine Impfstoff wirkt ausschließlich gegen einen Erreger, der in Deutschland nicht sehr häufig vorkommt. Der andere Impfstoff wirkt gegen häufiger vorkommende, aber nicht krankheitsauslösende Erreger.

Hunde haben eine sehr geringe Empfindlichkeit gegen Borreliose-Erreger, denn die meisten Hunde haben bereits auf natürlichem Wege Antikörper gebildet. Soll trotzdem geimpft werden, lassen Sie vorher unbedingt testen, ob Ihr Hund bereits Antikörper besitzt.

Sollte ihr Hund bereits Kontakt mir Borrelien gehabt haben und dann geimpft werden, kann es nämlich zu schwerwiegenden Komplikationen, wie z. B. Nierenentzündung, kommen.

Coronavirus

Das Coronavirus ist ein Virus, der fast ausschließlich oral aufgenommen wird und meist nur bei sehr jungen Welpen Durchfall verursacht. Die Erkrankung verläuft, wenn überhaupt, sehr mild.

Es werden natürliche Antikörper gebildet, die eine weitere Vermehrung der Viren verhindert.

Nach ca. sieben Tagen sind die Zotten im Darm wieder völlig hergestellt.

Erinnert ein wenig an den Spruch: Mit Medikamenten dauert die Krankheit zwei Wochen und ohne 14 Tage …

Dermatophyten

Dermatophyten sind Pilze, die Hautkrankheiten auslösen können. Es gibt 38 verschiedene Dermatophyten-Arten. Die Impfung deckt gerade mal zwei davon ab. Sie schützt weder vor einer Infektion noch vor der Erkrankung.

Impfziel ist es, dass sie zu einem milderen Verlauf führen soll. Es ist jedoch ein sehr hoher Infektionsdruck nötig, um die Infektion und Erkrankung überhaupt erst einmal auszulösen.

Der bloße Kontakt mit Dermatophyten führt nicht zwangsläufig zu einer Infektion. Es gibt genügend Abwehrmechanismen des Körpers, die eine Infektion verhindern. Hunde können zudem trotz Impfung Überträger bleiben.

Die Impfung muß zweimal im Abstand von zwei Wochen erfolgen. Auch hier ist die Impfwirkung mit nur 9 Monaten sehr kurz. Welpen dürften bereits ab 8 Wochen geimpft werden und das obwohl Welpen in diesem Alter an sich noch überhaupt nicht geimpft werden sollten.

Hepatitis contagiosa canis

Die Hepatitis contagiosa canis bezeichnet eine Leberentzündung, die durch das canine Adenovirus hervorgerufen werden kann.

Der Virus wird vom infizierten Tier mit allen Sekreten – Speichel, Kot, Urin, Nasensekret – ausgeschieden. Die Infektion erfolgt direkt von Tier zu Tier und über verseuchtes Futter oder Gegenstände.

Da das Vorkommen in Deutschland sehr selten ist und der Virus seit vielen Jahren nicht isoliert werden konnte, bedeutet dies, dass man diese Impfung nur in Betracht zu ziehen braucht, wenn man häufig mit seinem Hund im Ausland ist.

Wird eine chronische Leberentzündung festgestellt, können die Ursachen für diese Entzündung vielfältig sein. Sowohl bakterielle oder virale Infektionen, als auch Giftstoffe sowie genetische Ursachen und Autoimmun-Reaktionen können dem zugrunde liegen.

Die Erkrankung ist nur selten heilbar. Und doch können viele Hunde, je nach Schwere der Erkrankung, Monate und auch noch Jahre ein zufriedenes Leben führen.

Leptospirose

Die Leptospirose ist eine bakterielle Infektionskrankheit, die durch Leptospiren ausgelöst werden kann.

Leptospiren werden im Urin von infizierten Tieren ausgeschieden und die Aufnahme erfolgt meistens über Haut oder Schleimhäute.

Der Impfstoff deckt jedoch nur einen verschwindend geringen Teil der verschiedenen Bakterienstämme ab – je nach

Impfstoffhersteller maximal 4 von momentan ca. 200 bekannten krankheitsauslösenden Leptospirosearten.

Mit 4 – 8 Monaten ist die Impfwirkung darüber hinaus sehr kurz.

Amerikanische Studien haben festgestellt, dass die Risiken dieser Impfung gegenüber einem vermeintlichen Nutzen viel zu hoch sind und es wird ausdrücklich davon abgeraten, Welpen dagegen zu impfen.

Paramunisierung

Unter Paramunisierung versteht man eine kurzfristige Funktionssteigerung der Immunabwehr.

Die Paramunisierung wird vor allem bei Welpen vorgenommen. Sämtliche Studien wurden anhand experimenteller Infektionen durchgeführt. Das bedeutet, dass das normale Immunsystem umgangen wurde. Häufigste Nebenwirkung ist vor allem Fieber.

Die Impfwirkung ist nur sehr kurz. Welpen einer gesunden Hündin haben durch die maternalen Antikörper ohnehin ausreichenden Schutz gegen etwaige Umwelteinflüsse.

Außerdem sollte sich – auch hier – das Immunsystem alleine mit den verschiedenen möglichen Erregern auseinandersetzen können, um so einen wirklichen Schutz auszubilden. Werden die Hunde artgerecht aufgezogen und nicht zu früh von der Mutter abgesetzt, besteht kein Grund, Welpen zu impfen.

Parvovirose

Der Parvovirus wird durch direkten Kontakt mit infizierten Tieren übertragen und ist durch Mutation und Überschreiten der Artenbarriere entstanden.

Meistens erkranken Welpen bis zur 16. Woche, geschwächte und alte Hunde. Also Hunde, deren Immunsystem noch nicht ausgeprägt ist, bzw. deren Widerstandskraft abgenommen hat. Lediglich 10 % der Hunde, die dem Virus ausgesetzt sind, erkranken auch. Die restlichen 90 % erwerben eine Immunität, ohne überhaupt Symptome zu zeigen. Auch geimpfte Tiere können erkranken.

Hier sollte besser das Immunsystem unterstützt werden, als es durch eine Impfung noch zusätzlich zu schwächen.

Staupe

Staupe ist eine, dem menschlichen Masernvirus verwandte, Viruserkrankung, die hauptsächlich bei Wildtieren auftritt. Es gibt keine Einzelimpfung gegen Staupe. Der Erreger ist zwar weltweit verbreitet, kommt aber in Deutschland kaum noch vor!

Bei den von Herstellern und Tierärzten immer wieder aufgeführten Staupe-Ausbrüchen vor 20 bzw. 30 Jahren, wird meistens nicht erwähnt, dass auch dagegen geimpfte Hunde betroffen waren.

Der Export von Hunden aus dem Ausland oder aus schlechter Haltung mit hohem Infektionsdruck (Massenzüchtungen, verdreckte Aufzuchten etc.) könnte den Staupe-Erreger wieder zunehmen lassen.

Staupe trifft in erster Linie junge Hunde zwischen 8 Wochen und 6 Monaten. Werden in den ersten 9 Tagen durch intaktes Immunsystem ausreichend Antikörper gebildet, bleiben die möglichen Krankheitssymtome aus.

Nicht jeder Hund, der mit dem Erreger in Kontakt kommt, erkrankt auch. Ist das Immunsystem stabil, wird der Erreger abgewehrt, bevor es zu einer Infektion kommen kann.

Ob eine Impfung überhaupt nötig ist, sollte sorgfältig abgewogen werden.

Tetanus

Tetanus ist eine durch Wundinfektion mit bestimmten Bakterien hervorgerufene Infektionskrankheit. Hunde sind dagegen zumeist eher unempfänglich.

Deshalb tritt Tetanus bei Hunden auch nur sehr selten auf. Im Falle einer Erkrankung, sind die Symtome häufig nur lokal und auf einzelne Gliedmaßen beschränkt. Bleiben die lebensnotwendigen Funktionen erhalten, erholen sich die Hunde vollständig, da die Wirkung der Toxine der Bakterien zeitlich begrenzt ist.

Die Seltenheit und gute Therapierbarkeit der Erkrankung rechtfertigen daher keine Impfung.

Tollwut

Tollwut ist eine Virusinfektion, die meistens durch Kontakt mit infiziertem Speichel übertragen wird.

Die Tollwut stellt einen Sonderfall unter den Impfungen dar. Es gibt, wie gesagt, in Deutschland keine Impfpflicht bei Hunden.

Drei Faktoren könnten eine Impfung notwendig machen:

❖ Ihr Hund nimmt an Ausstellungen oder Turnieren teil
❖ Sie reisen mit Ihrem Hund ins Ausland
❖ Es besteht ein hoher Infektionsdruck, wie z. B. bei jagdlich geführten Hunden, die eventuell mit Tollwuterregern in Kontakt kommen könnten

Laut Tollwut-Verordnung gibt es ausschließlich folgende Vorgehensweisen: Unabhängig vom aktuellen Impfschutz ist bei Tollwutverdacht vor amtlicher Feststellung durch den Amtstierarzt der lebende Hund durch den Besitzer so abzusondern, so dass er nicht mit anderen Tieren oder Menschen in Berührung kommt.

Das zuständige Veterinäramt muß unverzüglich unterrichtet werden.

Bei Hunden, die nicht geimpft worden sind und die Kontakt mit seuchenkranken Tieren hatten, kann die sofortige Tötung angeordnet werden. Eine Ausnahme gilt für Hunde, die nachweislich unter einem wirksamen Impfschutz stehen. Sie sind bei Ansteckungsverdacht unverzüglich erneut gegen Tollwut zu impfen und unter behördliche Beobachtung zu stellen. Bei Tollwutverdacht muß der Hund getötet werden.

Führt die amtstierärztliche Untersuchung bei einem als seuchenverdächtig gemeldeten Haustier nicht zu einem eindeutigen Ergebnis, so ist eine behördliche Beobachtung von mindestens 3 Monaten anzuordnen.

Laut Robert-Koch-Institut vom Februar 2011 besteht in Deutschland kein Risiko mehr, sich bei einem Wildtier an Tollwut zu infizieren.

Sollten Sie Ihren Hund gegen Tollwut impfen lassen wollen, achten Sie bitte darauf, dass ein Impfstoff verwendet wird, der einen 3-jährigen Schutz bietet.

Welpensterben

Das Welpensterben ist eine Erkrankung, hervorgerufen durch das canine Herpes-Virus.

Die Infektion der Welpen erfolgt zumeist im Mutterleib. Eine Impfung während der Trächtigkeit ist jedoch keinesfalls ratsam.

Die Infektion tritt vor allem dann auf, wenn die Welpen frieren müssen. Wird die Körpertemperatur dagegen konstant gehalten, ist mit einer Infektion kaum zu rechnen.

Ab der 3. Lebenswoche sind die Welpen selbstständig in der Lage, die Körpertemperatur alleine aufrechtzuerhalten. Ab diesem

Zeitpunkt kann dann auch der Virus keinen Schaden mehr anrichten.

Somit ist durch Warmhalten und eine eventuelle symptombezogene Unterstützung der Welpen für ausreichenden Schutz gesorgt und eine Impfung nicht notwendig.

Zwingerhustenkomplex

Unter Zwingerhusten versteht man die Erkrankung der oberen Atemwege, ausgelöst durch Viren und/oder Bakterien und wird durch Tröpfcheninfektion übertragen.

Auch hier werden nur zwei der vielen möglichen Erreger mit der Impfung abgedeckt. Die Wirksamkeit dieser Impfung ist sehr fraglich, da auch geimpfte Hunde, vor allem bei hohem Infektionsdruck, erkranken können. Aber ist ihr Hund wirklich hohem Infektionsdruck ausgesetzt? Die Erkrankung verläuft meistens sehr mild, so dass der Hund auf natürlichem Wege Antikörper bilden kann. Sofern man ihn lässt!

Entwurmung – Da ist doch der Wurm drin

Der Nutzen einer Entwurmung ist fraglich.

Entwurmungen töten nur die Würmer, die zum Zeitpunkt der Entwurmung den Körper besiedeln. Daher stellt eine Entwurmung keine geeignete Prophylaxe dar.

Eine prophylaktische Entwurmung greift zudem die Darmschleimhaut an, die, wie vorher schon dargelegt, ein wichtiger Bestandteil des Immunsystems ist. Das schwächt die Tiere erheblich.

Deshalb sollten regelmäßig, spätestens aber bei Vorliegen entsprechender Symptome Kotuntersuchungen durchgeführt werden. Wird dann ein Wurmbefall diagnostiziert, kann er immer noch behandelt werden. Muß er dann auch. Das Timing ist hier ganz entscheidend. Eine Entwurmung »auf gut Glück« bringt dem Körper eher Unglück.

Also erst abwarten, ob sich Symptome bemerkbar machen, abklären ob Wurmberfall vorliegt und dann erst entwurmen.

Mögliche Symptome können u. a. sein: Allgemeine Schwäche, Bandwurmglieder im Kot, Juckreiz am After, sog. »Schlitten-fahren«, blutiger Durchfall, Gewichtsabnahme, Erbrechen, Husten, aufgeblähter, schmerzempfindlicher Bauch.

Und denken Sie bitte unbedingt daran, nach jeder Entwurmung den Darm mit den ihrem Hund entsprechenden Bakterien wieder aufzubauen!

Floh- und Zeckenprophylaxe – Wen(n)'s juckt

Chemische Floh- und Zeckenprophylaxe, also die gängigen Spot-on Präparate und auch entsprechende Halsbänder, bestehen aus chemisch-synthetischen Stoffen.

Die Spot-on Präparate sollen laut Hersteller und vielen Tierärzten monatlich verabreicht werden. Die Halsbänder geben permanent chemisch-synthetische Substanzen ab.

Die Nebenwirkungen beider Präparate sind immens. Angefangen damit, dass sie bei lebensmittellliefernden Tieren nicht eingesetzt werden dürfen, sind die Präparate brennbar und sollten nicht von Asthmatikern oder Personen, die empfindlich auf Chemikalien und Alkohol reagieren, verabreicht werden.

Kranke oder rekonvaleszente Tiere dürfen damit nicht behandelt werden. Das alleine zeigt schon, wie gefährlich die Präparate sind.

Die angezeigten Nebenwirkungen sind:

❖ Vergiftungen nach oraler Aufnahme
❖ Ekzeme
❖ Juckreiz
❖ Haarausfall

- ❖ Bläschenbildung
- ❖ Lethargie
- ❖ Ataxien
- ❖ Tremor
- ❖ Hautausschläge

Zudem können sich, laut Hersteller, trotzdem Zecken ansaugen und Mücken stechen, so dass eine Übertragung von Infektionskrankheiten nicht ausgeschlossen ist. Aus diesem Grunde sollten Sie auf chemische Spot-on Präparate und Halsbänder unbedingt verzichten.

Es gibt eine Reihe biologischer, chemie- und giftfreier Spot-on Präparate, sogar ohne ätherische Öle, falls ihr Hund diese nicht verträgt. Das Fell kann z. B. auch mit Urlösung der Effektiven Mikroorganismen (das ist eine Zusammensetzung aus verschiedenen Bakterien und Hefen) eingerieben werden, es hält allerdings nur ca. 1,5 Stunden, was aber normalerweise für einen Hundespaziergang ausreichend ist. Auch Kokosöl- in beiden Händen warm gerieben und leicht über das Fell verteilt – hilft.

Zecken müssen sofort entfernt werden. Je kürzer die Zecke in der Haut bleibt, desto geringer ist die Wahrscheinlichkeit der Übertragung von Infektionskrankheiten. Die Zecke darf nicht mit Öl oder anderen Flüssigkeiten abgetötet werden, da sie sonst ihren Darminhalt in die Haut entleert und eventuelle Krankheiten leichter übertragen werden.

Kleiner Tipp: Lassen Sie Ihren Hund nicht in der Dämmerung ins Freie. Mücken sind dämmerungsaktiv. Da ergeht es unseren Tieren auch nicht anders als uns.

Ausleitung/Entgiftung –
Das ist Gift für unsere Hunde

Kaum zu glauben, wie viele Schadstoffe und Schwermetalle den Körper unseres Hundes belasten.

Quecksilber (z. B. durch Thiomersal als Konservierungsmittel in den Impfstoffen) steht hier an vorderster Stelle. Hierdurch werden eine Reihe erschreckender Symptome verursacht:

Schlafstörungen, Müdigkeit, Abgeschlagenheit, Antriebslosigkeit, chronisch wiederkehrende Infekte, erhöhte Infektanfälligkeit, Schwindelanfälle, Nervosität, Reizbarkeit, Zittern, Allergien, Neurodermitis, Asthma, Haarausfall, Funktionseinschränkungen und Beschwerden der Niere, der Leber, des Lymphsystems, sowie Rheuma, Gicht, Polyarthritis, chronische Darmprobleme, Rücken- und Gelenkschmerzen, Seh- und Hörstörungen, Tumore …

All dies kann man umgehen, indem man die Stoffe aus dem Körper ausleitet. Zuvor müssen aber die wichtigsten Ausscheidungsorgane Darm, Niere und Leber saniert und stabilisiert sein. Dafür braucht der Körper die richtigen ausgewählten Darmbakterien, Mineral- und Vitalstoffe in ausreichender Menge. Dann kann mit der Ausleitung begonnen werden.

Hierbei haben sich u. a. Chlorella-Algen oder Zeolith bestens bewährt. Sie mobilisieren, binden die Schadstoffe und schwemmen sie aus. Das richtige Mittel und die richtige Dosierung für Ihren Hund lassen sich ganz problemlos exakt testen.

Auf diese natürliche Weise werden Leber, Nieren und der gesamte Körper schonend entgiftet. Gleichzeitig wird das Immunsystem gestärkt und der Stoffwechsel unterstützt.

Fell- und Zahnpflege –
Putzen Sie Ihren Liebsten fein heraus

Fellpflege ist wichtig. Aber denken Sie daran, dass die Haut über einen natürlich gesunden Säureschutzmantel verfügt. Waschen Sie zuviel, schwächt dieses den Säureschutzmantel und die Haut wird offen für Parasiten aller Art.

Zahnpflege hält die Zähne gesund. Das ist bei Hunden auch nicht anders als bei uns. Gewöhnt man die Tiere von Anfang an an das Zähneputzen, ist es für sie genauso normal wie Fressen oder Spazierengehen und hat dabei noch einen blitzblanken Nebeneffekt …

Sie brauchen übrigens keine Spezialzahnpasta – das Putzen mit Bürste und Wasser reicht vollkommen aus. Kommt es dennoch mal zu hartnäckigen Ablagerungen, können diese durch ihren Tierarzt oder Tierheilpraktiker entfernt werden.

Fallbeispiele

Rudi – atopische Dermatitis

Rudi ist eine vierjährige französiche Bulldogge.

Er litt unter Ekzemen, permanentem Juckreiz, die gesamte Haut war aufgeplatzt, blutig und eitrig. Er war bis auf die Knochen abgemagert. Diverse Tierärzte diagnostizierten atopische Dermatitis. Rudi bekam Langzeit-Antibiotika und Cortison. Eine Tierärztin begann eine Hyposensibilisierung, danach ging es ihm dann noch schlechter. Zuletzt wurde ihm noch ein Atopiker-Medikament verschrieben, welches zu permanentem Erbrechen führte. Rudi´s Besitzerin war kurz davor, ihn einschläfern zu lassen.

Die Bioresonanz-Analyse ergab folgendes:

- ❖ die für den Darm so wichtigen probiotischen Bakterien fehlten
- ❖ Vitalstoffe waren nicht ausreichend vorhanden
- ❖ Nieren, Leber, Immunsystem und lymphatisches System waren in Dysbalance
- ❖ es lag eine Quecksilber-Belastung, die nach Stabilisierung ausgeleitet werden musste
- ❖ eine Allergie konnte nicht festgestellt werden

Der Darm wurde mit dem entsprechenden Mittel aufgebaut.

Zudem wurden zur Darmsanierung und Stressreduktion pflanzliche Mittel täglich dazugefüttert. Das richtige Futter wurde ausgetestet und gegeben. Die offenen Hautstellen wurden mit Heilhonig, Wund- und Heilsalben und verschiedenen Essenzen behandelt.

Das Antibiotikum wurde abgesetzt und das Cortison ausgeschlichen. Zwei Wochen lang musste Rudi zweimal am Tag kommen, um durch die Bioresonanz immer genau die richtigen homöopathischen Mittel zu finden. Danach nur noch einmal täglich, so dass Rudi nach Stabilisierung auch noch umgehend ausgeleitet werden musste.

Nach fünf Wochen ging es ihm erheblich besser, er wurde vitaler, die Haut schloß sich und heilte ab. Das Immunsystem verbesserte sich täglich und nach 3 Monaten intensiver Bioresonanz- und homöopathischer Therapie konnte er geheilt und kerngesund »entlassen« werden.

Mimi – Tierkommunikation

Mimi ist eine dreijährige Malteser-Hündin. Sie kam zu mir, weil sie nichts fraß. Sie nahm lediglich kleine Bröckchen aus der Hand. Da ich keine organischen Ursachen feststellen konnte, beschloß ich mit der Hündin zu sprechen.

In unserer ersten Tierkommunikation bekam ich von ihr Bilder einer dunklen Ecke, um die man herum gehen konnte. Dort waren viele kleine Hunde und es lagen lauter Brocken zum Fressen herum. Die Besitzer von Mimi sagten mir, dass sie dort, wo sie sie gekauft hatten, mit anderen Welpen unter einer dunklen Treppe gehalten wurden. Die Züchterin hatte Trockenfutter mitgegeben, welches allerdings viel zu groß für die kleinen Hunde war.

In der zweiten Kommunikation mit Mimi erfuhr ich, dass sie getreten wurde und zwar von oben auf die Schnauze. Besonders hart hatte es sie zwischen den Augen getroffen. Aus diesem Grunde hatte sie Nerven- und Muskelschmerzen im gesamten Gesicht und deshalb fraß sie auch nicht. Diese Situation musste von mehren Seiten angegangen werden.

Zuerst haben wir den Darm saniert, das richtige Futter getestet und angefangen mit Bioresonanz und homöopatischen Mitteln die Nerven und Muskeln zu behandeln.

Zudem habe ich Cranio-sacral-Therapie empfohlen, damit die Blockaden gelöst werden.

Bereits nach einer Woche wurde Mimi neugieriger, lief im Park voraus und fraß schon besser – zwar immer noch aus der Hand, aber sie fraß. Mittlerweile steht sie in der Küche, sobald dort jemand ist und hofft, dass etwas zu fressen für sie abfällt.

Funny – Anaplasmose

Funny ist eine zwei Jahre alte portugiesische Mischlingshündin. Sie hatte Anaplasmose, die vom Tierarzt erst 5 Monate nach Auftreten der ersten Symptome diagnostiziert wurde.

Die Bioresonanz-Analyse ergab, dass das Immunsystem komplett geschwächt, das Blut und das Knochenmark angegriffen waren.

Zuerst wurde Funny´s Immunsystem wieder aufgebaut. Sie bekam Vitamin-Komplexe und pflanzliche Mittel für den Aufbau und die Regeneration des Blutes und der Zellen.

Über 4 Monate wurde Funny wöchentlich mit homöopathischen Mittel für das Immunsystem, Blut, Knochenerkrankungen und Entzündungen unterstützt. Nach 4 Monaten konnten wir mit der Auto-Nosoden-Therapie aus ihrem Blut und Speichel beginnen.

Mittlerweile geht es Funny wieder großartig und sie tollt herum, als sei nicht etwas gewesen.

Ogo – Epilepsie

Ogo ist ein zehnjähriger Mischlingsrüde.

Er hatte immer wieder epileptische Anfälle, die mit schulmedizinischen Mitteln nicht besser wurden.

Wir stellten fest, dass er mit Schwermetallen vergiftet war.

Wir haben seinen Stoffwechsel und sein Immunsystem mit den entsprechenden Präparaten und dem für ihn richtigen Futter stabilisiert.

Anschließend wurden die Schwermetalle ausgeleitet und nach 12 Wochen war er anfallsfrei und benötigte keine Epilepsie-Mittel mehr. Die gesamte Behandlung wurde – energetisch schamanisch – durch die Tierheilpraktikerin und Schamanin Sonja Wiese begleitet.

Paul – Giradien

Paul ist ein sieben Jahre alter Golden Retriever.

Er hat Giardien und littt immer wieder an blutigem Durchfall. Wir haben sein Immunsystem durch das für ihn richtige Darmaufbaupräparat und Futter und einigen homöopathischen Mitteln stabilsiert.

So konnte er nach kurzer Zeit mit einer Autonosode aus seinem Stuhl beginnen und hat bereits seit Monaten keine Giardien-Ausbruch mehr gehabt.

Karl – Behandlung nach Milztumor

Karl ist ein zehnjähriger Mischlingsrüde.

Ihm wurde die Milz entfernt.

Wichtig war es, die Ursache für den Milztumor rauszufinden. Um alle Möglichkeiten auszuschöpfen und nichts zu übersehen, wurde er parallel – energetisch schamanisch – von Sonja Wiese versorgt.

Schlangengifte wurden bei bei Bioresonanz angezeigt. Daraufhin fiel der Besitzerin ein, dass Karl kurz vor der Tumorbildung von einer Schlange im hiesigen Wald gebissen worden ist.

Somit war klar, dass Karls Blut »vergiftet« war und wir diese Vergiftung aus dem Körper bekommen mussten.

Mit naturheilkundlichen Mitteln und weiterer – energetisch schamanischer – Betreuung geht es Karl nun wieder wunderbar.

Auch die Behandlung der großen Bauchnarbe mir Narbencreme war wichtig, damit eine eventuelle Störung der Meridian-Verläufe verhindert wird.

Die Ergebnisse der regelmäßigen Blutuntersuchungen sind nach wie vor hervorragend.

Momo – Zwingerhusten

Momo ist ein sechs Monate alter Golden Retriever.

Kurz nach der Impfung fing er an zu würgen und zu husten, als ob er irgendetwas verschluckt hätte. Daraufhin wurde Zwingerhusten diagnostiziert.

Mit insgesamt sieben homöopathischen Mitteln wurde der Husten stündlich besser, so dass nach ein paar Tagen wieder alles in Ordnung war.

Helmut – Fellausfall

Helmut ist ein einjähriger Tibet Terrier.

Er verlor Fell – ringförmig um seinen Bauch. Grundsätzlich war er sehr klein und zierlich.

Durch viele Impfungen, Wurmkuren, Floh- und Zecken-prophylaxe, sowie zusätzliche Antibiose-Gaben, da er nach jeder Impfung krank wurde, war der gesamte Stoffwechsel und das Immunsystem nicht mehr im Gleichgewicht.

Nachdem wir wieder alles in Balance gebracht haben, ist sein Fell nachgewachsen und es geht ihm gut.

Louise – keine Energie

Louise ist eine einjährige Irish-Setter Hündin.

Sie hat seit einiger Zeit keine Energie mehr, wollte nicht mehr spazieren gehen und auch nicht mehr richtig fressen.

Von tierärztlicher Seite wurde ihr aufgrund von Allergie-Ver-dacht nur Pferdefleisch verordnet.

Den Stoffwechsel und das Immunsystem haben wir mit dem ent-sprechenden Darmaufbaupräparat und zusätzlichen Naturheil-Mitteln aufgebaut. Weiterhin haben wir das für sie richtige Futter getestet und schon nach 2 Wochen war sie wieder fröhlich und voller Energie.

Eine Allergie konnte nicht festgestellt werden.

Schöne Aussichten –
Ein guter Anfang zu guter Letzt

Wir können nicht von heute auf morgen unsere Welt und unseren Umgang mit den Tieren und der Natur ändern. Aber wir können unseren ganz persönlichen Teil dazu beitragen, achtsam und respektvoll damit umzugehen. Um eine Massentierhaltung und weitere Auslaugung unserer Böden zu verhindern, steigen heute mehr und mehr Menschen auf biologische Produkte um. Und das ist zum Glück mittlerweile auch keine Frage des Geldes mehr.

Und was ist mit unseren Essgewohnheiten? Hat es noch etwas mit Genuss und Wertschätzung zu tun, wenn wir jeden Tag Fleisch essen? Früher gab es den klassischen Sonntagsbraten. Das war noch etwas Besonderes. Und vor allem kein Fleisch aus Massentierhaltung.

Aber auch bei der Kosmetik, Haarpflege und Haushaltsmitteln kann man darauf achten, dass man nur tierversuchsfreie Produkte kauft, die aus nachwachsenden Rohstoffen gefertigt sind.

Ein achtsamer und respektvoller Umgang, mit den uns anvertrauten Tieren und der Natur war noch nie so einfach wie heute. Man sollte sich nur einfach öfter mal Gedanken darüber machen. Jeder von uns! Dann geht es allen besser. Auch unseren geliebten treuen, vierbeinigen Freunden!

Literaturverzeichnis, weiterführende Literatur und Adressen

- Gerhard Buchwald »Impfen – das Geschäft mit der Angst«
- Wolfgang Becvar »Naturheilkunde für Hunde«
- Monika Peichl »Haustier impfen mit Verstand«
- Norbert Höpfinger »Hunde impfen mit Verstand«
- Brigitte Rauth-Widmann »Hunde richtig impfen und entwurmen«
- Bundesverband praktizierender Tierärzte, Impfempfehlung der Ständigen Impfkommission Vet. für Hunde und »Broschüre Impfen«
- S. R. Phatak »Homöopathische Arzneimittellehre«
- G. v. Keller/J. Künzli »Kents Repetitorium der homöopathischen Arzneimittel«
- Don Hamilton »Homöopathie für Hunde und Katzen«
- Elvira Bierbach »Naturheilpraxis heute«
- European Scientific Counsel Companion Animal Parasites, Nr. 2/ Februar 2009
- Viera Scheibner, Vaccinations Medical assault on the Immune System
- Ron Schultz, »Theory and Practice of Immunization«
- Catherine O'Driscoll »Pet Vaccination – An Institutionalised Crime«, 2005
- Catherine O'Driscoll »What Vets Dont Tell You About Vaccines«
- Paul Schmidt »Bioresonanz«
- Verordnung zum Schutz gegen die Tollwut (Tollwut-Verordnung)
- Heimtierverordnung der EU vom 26. Mai 2003
- E.-G. Grünbaum, E. Schimke, H.-J. Christoph »Klinik der Hundekrankheiten«
- John Clifton »Stop the Shots! Are vaccinations killing our pets?«
- Ronald D. Schultz, Ph. D., »Kirk's Current Veterinary Therapy XIV«

- John Baron »The Life of Eward Jenner«
- Robert Jütte »Samuel Hahnemann, Begründer der Homöopathie«
- Impfreport, 04/ 2005, www.impf-report.de
- Paul-Ehrlich-Institut, www.pei.de
- Robert-Koch-Institut, www.rki.de
- Univerity of Kansas, www.vet.ksu.edu
- American Animal Hospital Association (AAHA), www.healthypet.com
- W. Löscher, F. Ungemach, R. Kroker »Pharmakotherapie bei Haus- und Nutztieren«
- J. Eckert, K. T. Friedhoff, H. Zahner, P. Deplazes, »Lehrbuch der Parasitologie für die Tiermedizin« 2005
- H. G. Niemand, B. Kohn, P. F. Suter, »Praktikum der Hundeklinik« 2006
- Beipackzettel Avantix, Frontline, Ex-Spot, Eurican Herpes 205, Intervet Tetanus-Serum
- William Boericke »Handbuch der homöopatischen Materia Medica«
- Prof. Dr. Anton Mayr, Hochattenuierte Poxvirusstämme, Verfahren zu ihrer Herstellung und deren Verwendung als Paramunitäts-inducer oder zur Herstellung von Vektor-Vakzinen
- Vereinigung ganzheitlicher Tierärzte, http://holvet.net/pet_vaccinations.html
- Verband freier Tierheilpraktiker VfT, www.freie-tierheilpraktiker.de
- Sonja Wiese www.heilung-durch-kommunikation.de
- Kirsten Grenville www.tierbioresonanz-hamburg.de, grenville@tierbioresonanz-hamburg.de, Tel. 0172 – 54 45 883